AF198987

Impressum
Verlag: BABADADA GmbH, Nedderfeld 112 , 22529 Hamburg
Geschäftsführer / Verlagsleitung: Harald Hof
Druck: Books on Demand GmbH, In de Tarpen 42, 22848 Norderstedt

Imprint
Publisher: BABADADA GmbH, Nedderfeld 112 , 22529 Hamburg, Germany
Managing Director / Publishing direction: Harald Hof
Print: Books on Demand GmbH, In de Tarpen 42, 22848 Norderstedt, Germany

Schule

школа

Klassenzimmer
класна кімната

dividieren
ділити

186/2

Tafel
дошка

Schulhof
шкільний двір

Lehrer
вчитель

Papier
папір

schreiben
писати

Stift
ручка

Schreibtisch
письмовий стіл

Lineal
лінійка

Buch
книга

Schüler
учень

Ranzen

ранець

Federmappe

пенал

Bleistift

олівець

Bleistiftanspitzer

точило

Radiergummi

гумка

Zeichenblock

альбом для малювання

Zeichnung

малюнок

Pinsel

пензель

Malkasten

коробка фарб

Schere

ножиці

Klebstoff

клей

Übungsheft

зошит

Hausaufgabe

домашнє завдання

12

Zahl

число

2+2

addieren

додавати

5-2

subtrahieren

віднімати

2×2

multiplizieren

множити

rechnen

рахувати

Buchstabe

літера

ABCDEFG
HIJKLMN
OPQRSTU
VWXYZ

Alphabet

абетка

Wort

слово

Text

текст

lesen

читати

Kreide

крейда

Stunde

година

Klassenbuch

класний журнал

Prüfung

екзамен

Zeugnis

диплом

Schuluniform

шкільна форма

Ausbildung

освіта

Lexikon

лексикон

Universität

університет

Mikroskop

мікроскоп

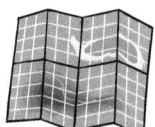

Karte

карта

Papierkorb

кошик для паперу

Schule - школа

Reise

подорож

Hotel
готель
Grand
Herberge
турбаза
ROOMS
Wechselstube
обмінний пункт
CHANGE
Koffer
валіза
Auto
автомобіль

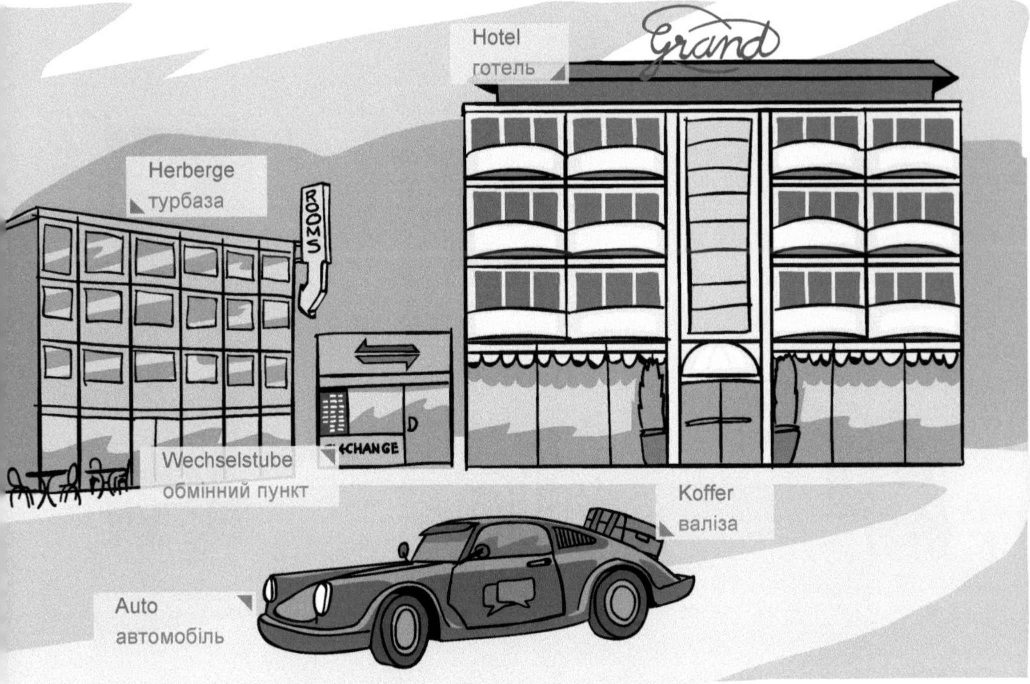

Sprache

мова

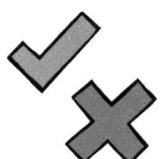

ja / nein

так / ні

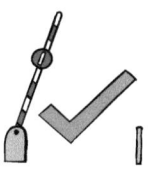

Okay

добре

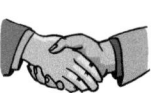

Hallo

привіт

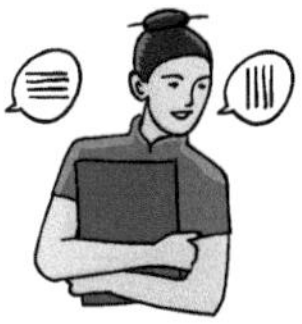

Übersetzer

перекладач

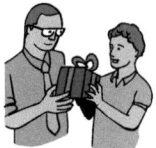

Danke

дякую

Was kostet...?

Скільки коштує ...?

Ich verstehe nicht

Я не розумію

Problem

проблема

Guten Abend!

Добрий вечір!

Guten Morgen!

Доброго ранку!

Gute Nacht!

На добраніч!

Auf Wiedersehen

До побачення

Richtung

напрямок

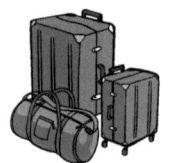

Gepäck

багаж

Tasche

сумка

Rucksack

рюкзак

Gast

гість

Zimmer

кімната

Schlafsack

спальний мішок

Zelt

намет

Touristeninformation

туристична інформація

Strand

пляж

Kreditkarte

кредитна картка

Frühstück

сніданок

Mittagessen

обід

Abendessen

вечеря

Fahrkarte

квиток

Fahrstuhl

ліфт

Briefmarke

поштова марка

Grenze

межа

Zoll

митниця

Botschaft

посольство

Visum

віза

Pass

паспорт

Transport
транспорт

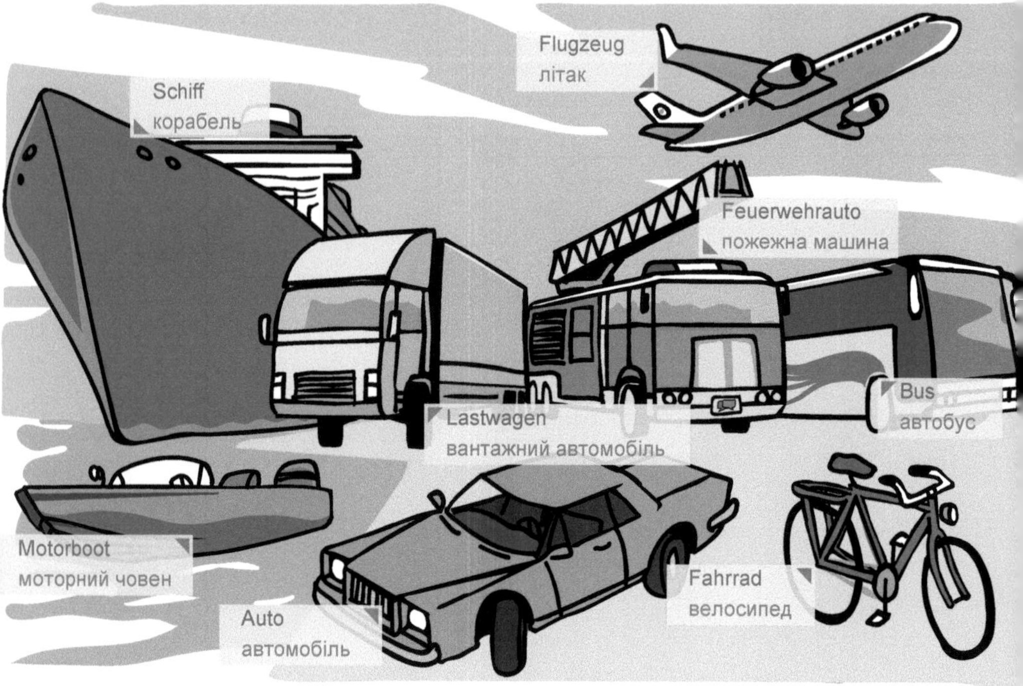
Flugzeug
літак
Schiff
корабель
Feuerwehrauto
пожежна машина
Bus
автобус
Lastwagen
вантажний автомобіль
Motorboot
моторний човен
Fahrrad
велосипед
Auto
автомобіль

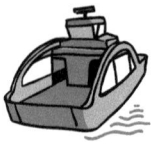

Fähre

пором

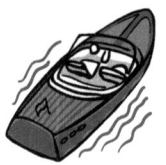

Boot

човен

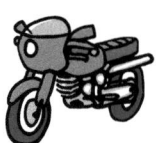

Motorrad

мотоцикл

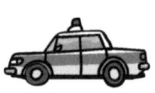

Polizeiauto

поліцейська машина

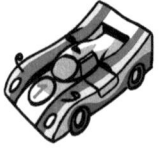

Rennauto

гоночний автомобіль

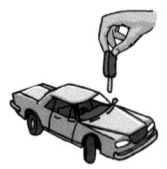

Mietwagen

автомобіль на прокат

Carsharing

спільне користування авто

Abschleppwagen

евакуатор

Müllauto

сміттєвоз

Motor

двигун

Kraftstoff

паливо

Tankstelle

автозаправна станція

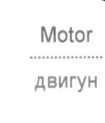

Verkehrsschild

дорожній знак

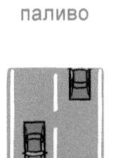

Verkehr

рух

Stau

затор

Parkplatz

стоянка

Bahnhof

вокзал

Schienen

рейки

Zug

потяг

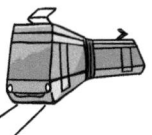

Straßenbahn

трамвай

Wagon

вагон

Helikopter

гелікоптер

Flughafen

аеропорт

Tower

вежа

Passagier

пасажир

Container

контейнер

Karton

коробка

Karren

візок

Korb

кошик

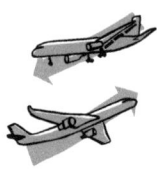

starten / landen

стартувати / приземлятися

Stadt

місто

Dorf

село

Stadtzentrum

центр міста

Haus

дім

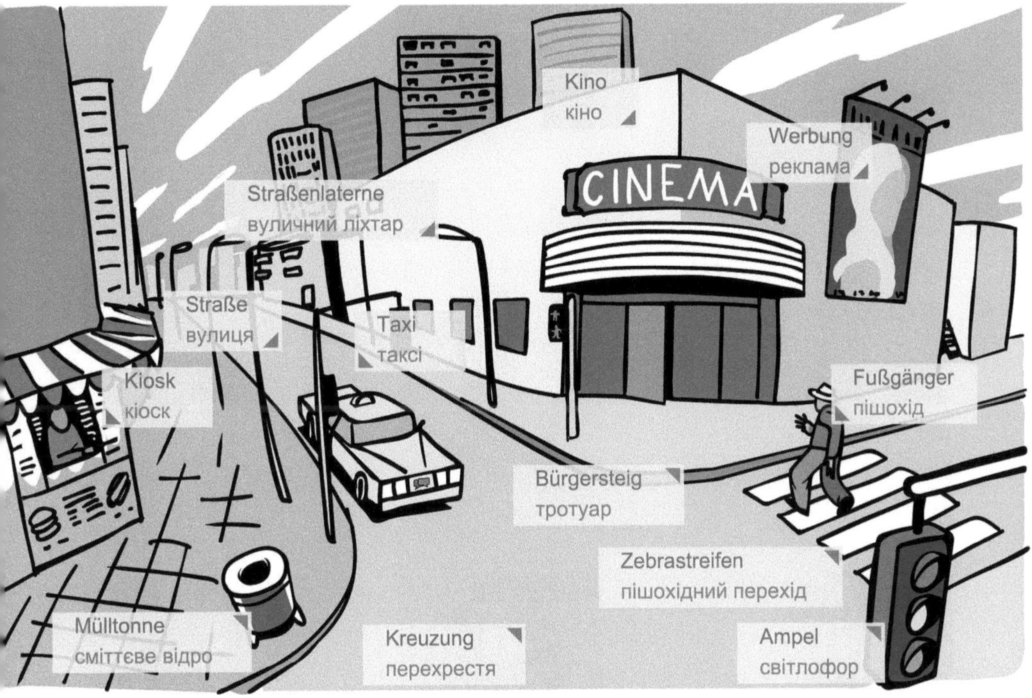

Kino
кіно

Werbung
реклама

Straßenlaterne
вуличний ліхтар

CINEMA

Straße
вулиця

Taxi
таксі

Kiosk
кіоск

Fußgänger
пішохід

Bürgersteig
тротуар

Zebrastreifen
пішохідний перехід

Mülltonne
сміттєве відро

Kreuzung
перехрестя

Ampel
світлофор

Hütte
хатина

Wohnung
квартира

Bahnhof
вокзал

Rathaus
ратуша

Museum
музей

Schule
школа

Universität

університет

Bank

банк

Krankenhaus

лікарня

Hotel

готель

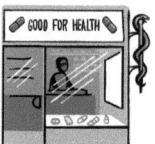

Apotheke

аптека

Büro

офіс

Buchhandlung

книжковий магазин

Geschäft

магазин

Blumenladen

квітковий магазин

Supermarkt

супермаркет

Markt

ринок

Kaufhaus

універмаг

Fischhändler

торговець рибою

Einkaufszentrum

торговельний центр

Hafen

гавань

Park

парк

Bank

лава

Brücke

міст

Treppe

сходи

U-Bahn

метро

Tunnel

тунель

Bushaltestelle

автобусна зупинка

Bar

бар

Restaurant

ресторан

Briefkasten

поштова скринька

Straßenschild

вулична табличка

Parkuhr

лічильник паркування

Zoo

зоопарк

Badeanstalt

басейн

Moschee

мечеть

Bauernhof

ферма

Umweltverschmutzung

забруднення
навколишнього
середовища

Friedhof

кладовище

Kirche

церква

Spielplatz

дитячий майданчик

Tempel

храм

Landschaft

ландшафт

Blatt
листок

Wegweiser
вказівний стовп

Weg
шлях

Wiese
луг

Stein
камінь

Baum
дерево

Wanderer
мандрівник

Fluss
річка

Gras
трава

Blume
квітка

Tal

долина

Berg

гора

See

озеро

Wald

ліс

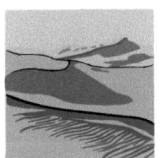

Wüste

пустеля

Vulkan

вулкан

Schloss

замок

Regenbogen

веселка

Pilz

гриб

Palme

пальма

Moskito

комар

Fliege

муха

Ameise

мурашка

Biene

бджола

Spinne

павук

Käfer

жук

Frosch

жаба

Eichhörnchen

вивірка

Igel

їжак

Hase

заєць

Eule

сова

Vogel

птах

Schwan

лебідь

Wildschwein

кабан

Hirsch

олень

Elch

лось

Staudamm

гребля

Windrad

вітряк

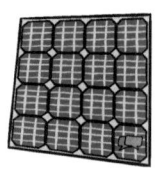

Solarmodul

сонячний модуль

Klima

клімат

Restaurant

ресторан

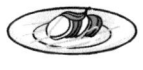

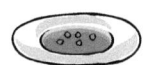

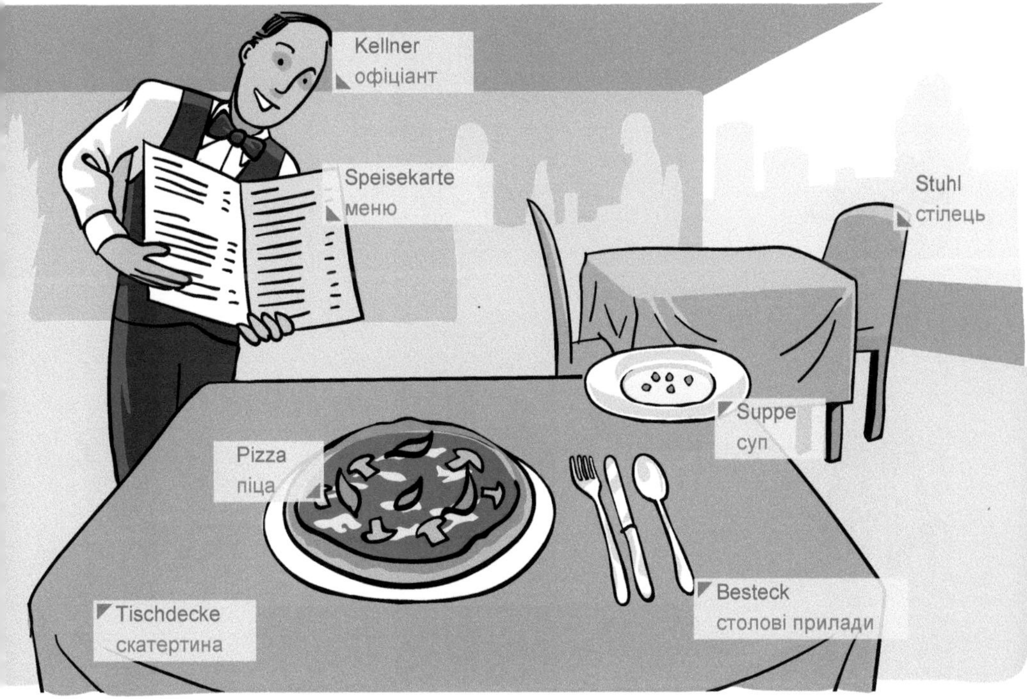

Kellner
офіціант
Speisekarte
меню
Stuhl
стілець
Suppe
суп
Pizza
піца
Besteck
столові прилади
Tischdecke
скатертина

Vorspeise

закуска

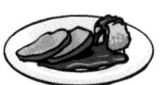

Hauptgericht

друга страва

Nachspeise

десерт

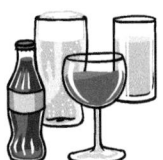

Getränke

напої

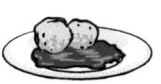

Essen

їжа

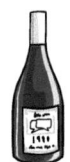

Flasche

пляшка

Fastfood

фаст-фуд

Streetfood

вулична їжа

Teekanne

чайник

Zuckerdose

цукорниця

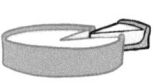

Portion

порція

Espressomaschine

еспресо-машина

Hochstuhl

високий стільчик

Rechnung

рахунок

Tablett

піднос

Messer

ніж

Gabel

вилка

Löffel

ложка

Teelöffel

чайна ложка

Serviette

серветка

Glas

склянка

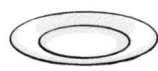

Teller

тарілка

Suppenteller

тарілка для супу

Untertasse

блюдце

Sauce

соус

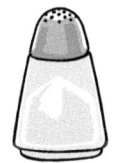

Salzstreuer

солонка

Pfeffermühle

млин для перцю

Essig

оцет

Öl

масло

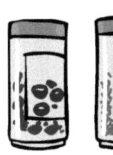

Gewürze

спеції

Ketchup

кетчуп

Senf

гірчиця

Mayonnaise

майонез

Supermarkt

супермаркет

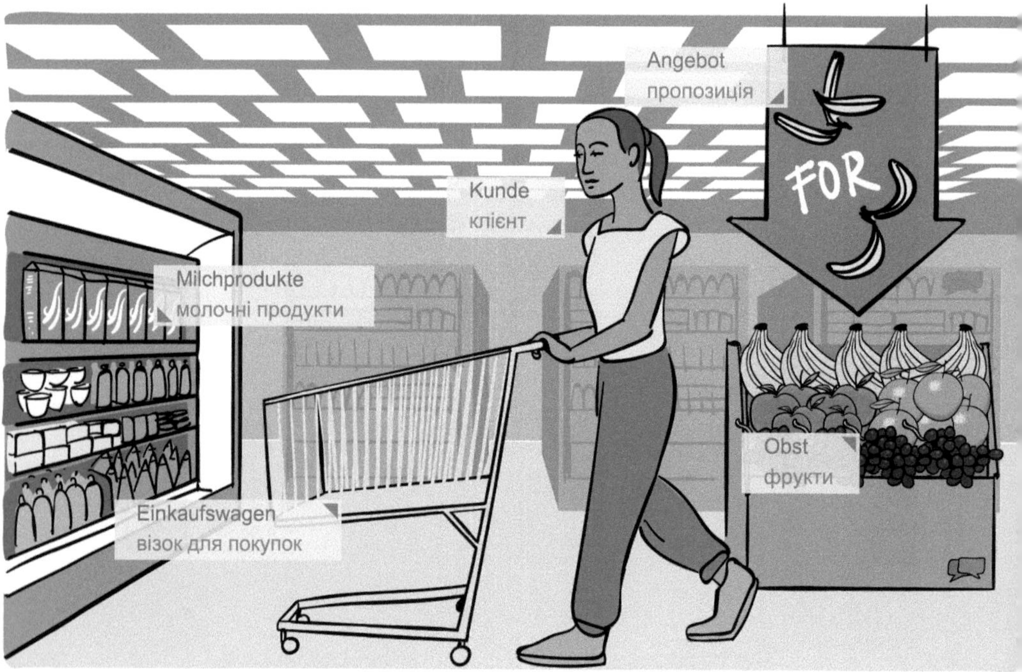

Angebot
пропозиція
FOR
Kunde
клієнт
Milchprodukte
молочні продукти
Obst
фрукти
Einkaufswagen
візок для покупок

BUTCHERS

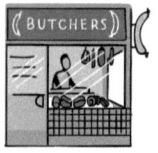

Schlachterei

м'ясний магазин

BAKERY

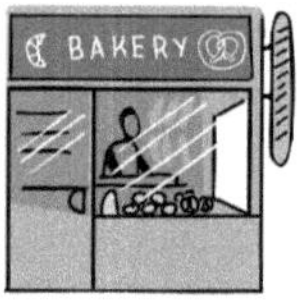

Bäckerei

пекарня

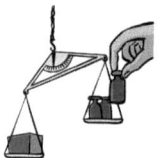

wiegen

зважувати

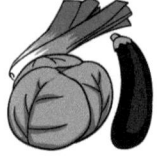

Gemüse

овочі

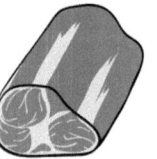

Fleisch

м'ясо

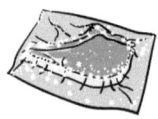

Tiefkühlkost

заморожені продукти

Aufschnitt
ковбасна нарізка

Konserven
консерви

Waschmittel
пральний порошок

Süßigkeiten
солодощи

Haushaltsartikel
предмети домашнього
побуту

Reinigungsmittel
мийний засіб

Verkäuferin
продавщиця

Kasse
каса

Kassierer
касир

Einkaufsliste
список покупок

Öffnungszeiten
часи роботи

Brieftasche
гаманець

Kreditkarte
кредитна картка

Tasche
сумка

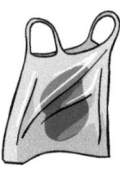

Plastiktüte
поліетиленовий пакет

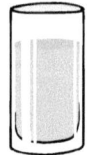

Wasser

вода

Saft

сік

Milch

молоко

Cola

кола

Wein

вино

Bier

пиво

Alkohol

алкоголь

Kakao

какао

Tee

чай

Kaffee

кава

Espresso

еспресо

Cappuccino

капучіно

Banane

банан

Apfel

яблуко

Orange

апельсин

Melone

кавун

Zitrone

лимон

Karotte

морква

Knoblauch

часник

Bambus

бамбук

Zwiebel

цибуля

Pilz

гриб

Nüsse

горішки

Nudeln

локшина

Spaghetti

спагеті

Reis

рис

Salat

салат

Pommes frites

картопля фрі

Bratkartoffeln

смажена картопля

Pizza

піца

Hamburger

гамбургер

Sandwich

бутерброд

Schnitzel

шніцель

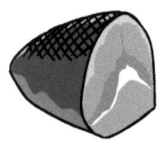

Schinken

шинка

Salami

салямі

Wurst

ковбаса

Huhn

курка

Braten

печеня

Fisch

риба

Haferflocken

вівсяні пластівці

Müsli

мюслі

Cornflakes

кукурудзяні пластівці

Mehl

борошно

Croissant

круасан

Brötchen

булочка

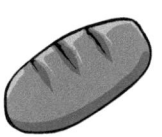

Brot

хліб

Toast

тостовий хліб

Kekse

печиво

Butter

масло

Quark

сир

Kuchen

пиріг

Ei

яйце

Spiegelei

яєчня

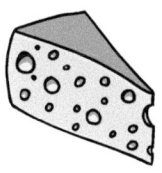

Käse

сир

Eiscreme

морозиво

Zucker

цукор

Honig

мед

Marmelade

мармелад

Nougat-Creme

нуга-крем

Curry

карі

Bauernhof
ферма

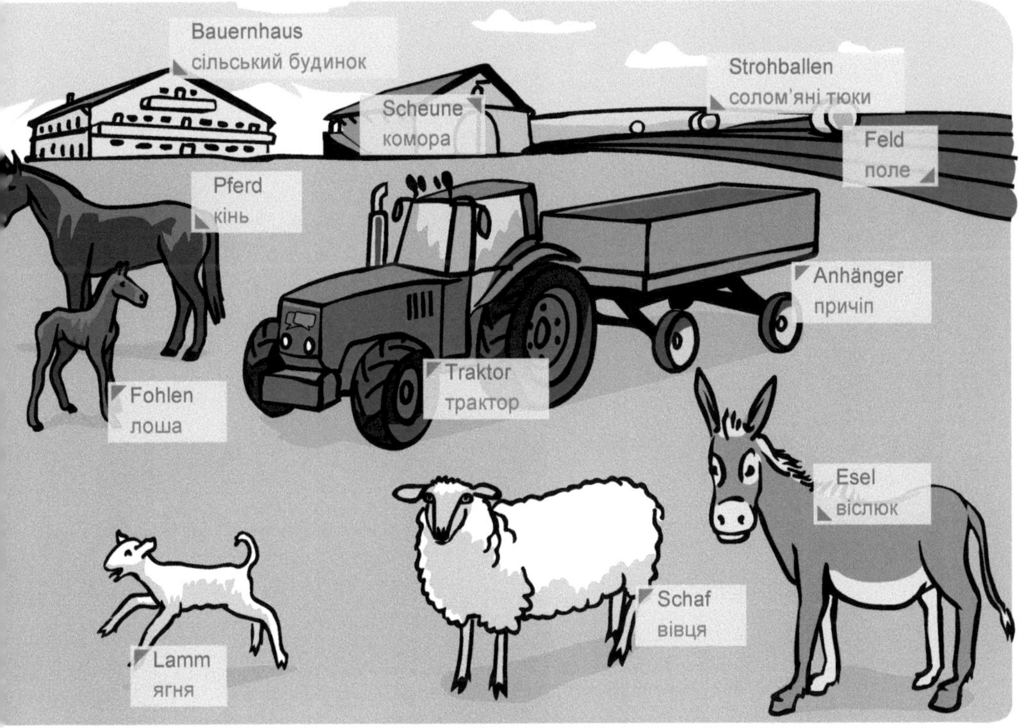

Bauernhaus
сільський будинок
Scheune
комора
Strohballen
солом'яні тюки
Feld
поле
Pferd
кінь
Anhänger
причіп
Fohlen
лоша
Traktor
трактор
Esel
віслюк
Schaf
вівця
Lamm
ягня

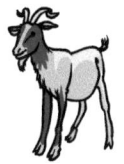

Ziege

коза

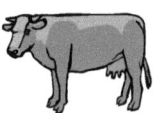

Kuh

корова

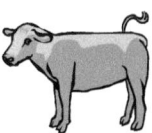

Kalb

теля

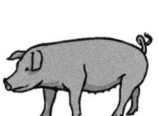

Schwein

свиня

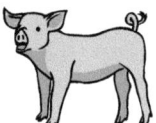

Ferkel

порося

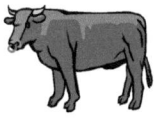

Bulle

бик

Gans

гусак

Ente

качка

Küken

курча

Huhn

курка

Hahn

півень

Ratte

щур

Katze

кіт

Maus

миша

Ochse

віл

Hund

собака

Hundehütte

собача будка

Gartenschlauch

садовий шланг

Gießkanne

лійка

Sense

коса

Pflug

плуг

Sichel

серп

Hacke

мотика

Mistgabel

вила

Axt

сокира

Schubkarre

тачка

Trog

корито

Milchkanne

бідон молока

Sack

мішок

Zaun

паркан

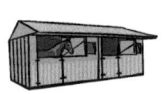

Stall

хлів

Treibhaus

теплиця

Boden

ґрунт

Saat

насіння

Dünger

добриво

Mähdrescher

комбайн

ernten

пожинати

Ernte

урожай

Yamswurzel

корінь ямсу

Weizen

пшениця

Soja

соя

Kartoffel

картопля

Mais

кукурудза

Raps

ріпак

Obstbaum

плодове дерево

Maniok

маніок

Getreide

злаки

Haus
дім

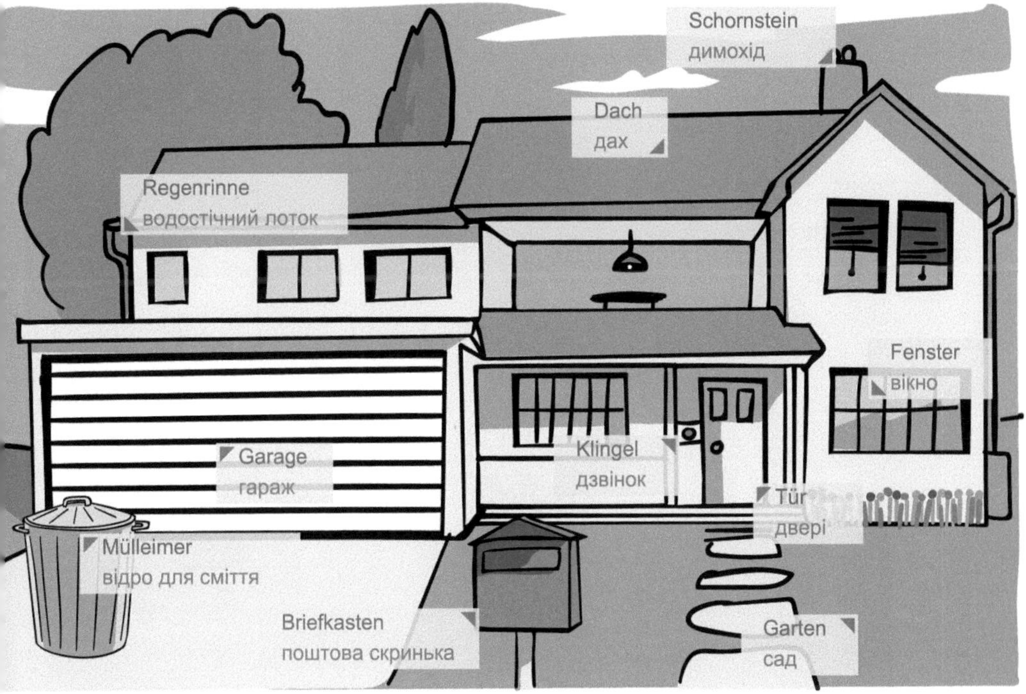

Schornstein
димохід
Dach
дах
Regenrinne
водостічний лоток
Fenster
вікно
Garage
гараж
Klingel
дзвінок
Tür
двері
Mülleimer
відро для сміття
Briefkasten
поштова скринька
Garten
сад

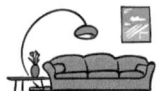

Wohnzimmer

вітальня

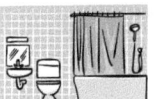

Badezimmer

ванна кімната

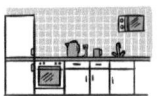

Küche

кухня

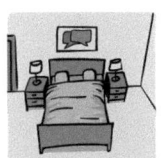

Schlafzimmer

спальня

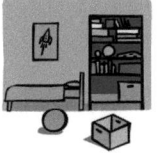

Kinderzimmer

дитяча кімната

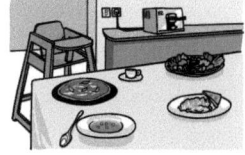

Esszimmer

їдальня

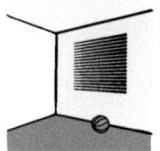

Boden
підлога

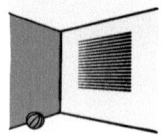

Wand
стіна

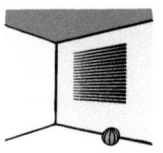

Decke
стеля

Keller
підвал

Sauna
сауна

Balkon
балкон

Terrasse
тераса

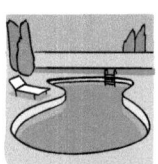

Schwimmbad
басейн

Rasenmäher
косарка

Bettbezug
простирало

Bettdecke
ковдра

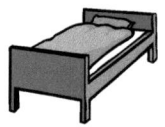

Bett
ліжко

Besen
мітла

Eimer
відро

Schalter
перемикач

Wohnzimmer
вітальня

Tapete
шпалери
Bild
малюнок
Lampe
лампа
Regal
поличка
Schrank
шафа
Fernseher
телевізор
Kamin
камін
Blume
квітка
Kissen
подушка
Sofa
диван
Vase
ваза
Fernbedienung
пульт

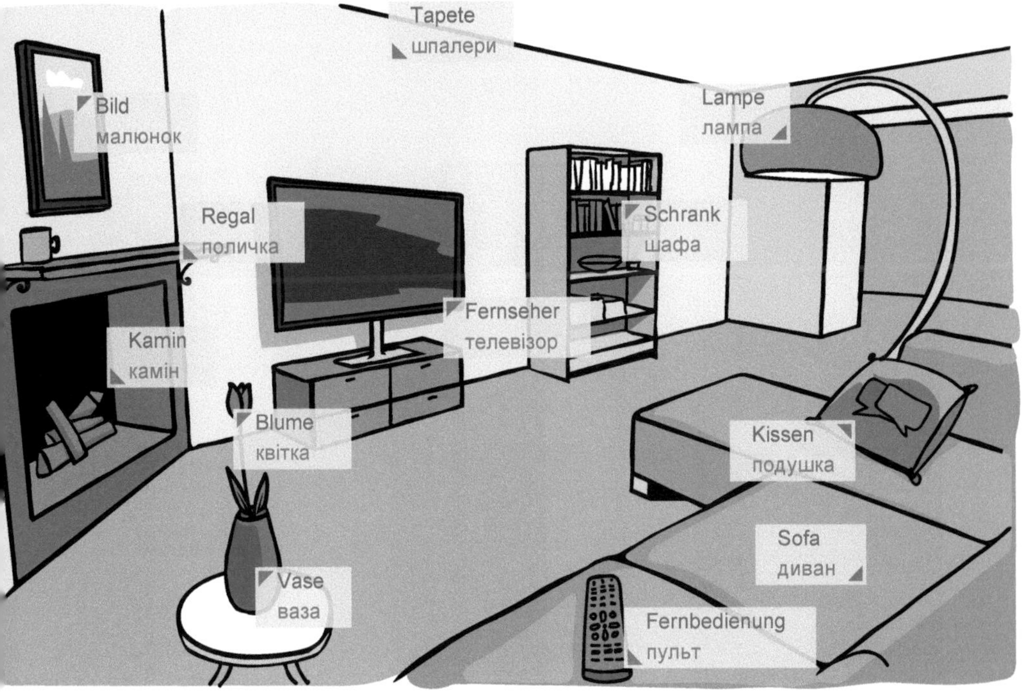

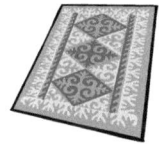

Teppich
килим

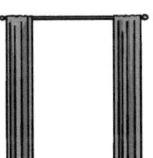

Vorhang
завіса

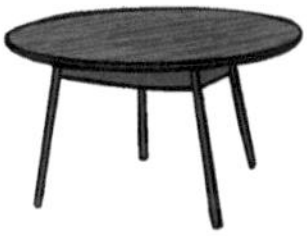

Tisch
стіл

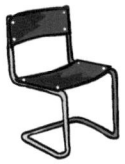

Stuhl
стілець

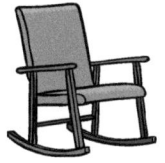

Schaukelstuhl
крісло-гойдалка

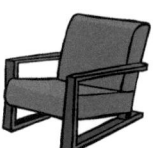

Sessel
крісло

Buch

книга

Decke

ковдра

Dekoration

прикраса

Feuerholz

дрова

Film

фільм

Stereoanlage

стереосистема

Schlüssel

ключ

Zeitung

газета

Gemälde

картина

Poster

плакат

Radio

радіо

Notizblock

блокнот

Staubsauger

пилосос

Kaktus

кактус

Kerze

свічка

Küche
кухня

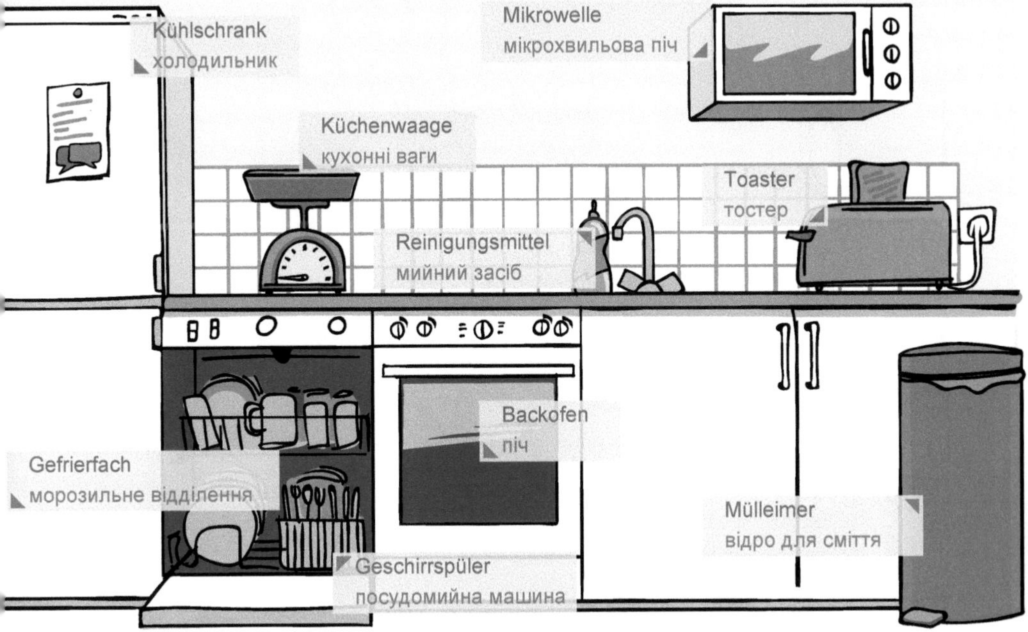

Kühlschrank
холодильник
Mikrowelle
мікрохвильова піч
Küchenwaage
кухонні ваги
Toaster
тостер
Reinigungsmittel
мийний засіб
Backofen
піч
Gefrierfach
морозильне відділення
Mülleimer
відро для сміття
Geschirrspüler
посудомийна машина

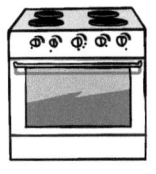

Herd

плита

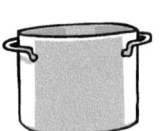

Topf

горщик

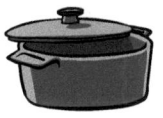

Eisentopf

чавунний горщик

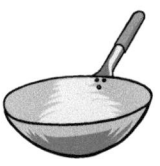

Wok / Kadai

вок / кадай

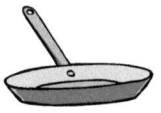

Pfanne

сковорода

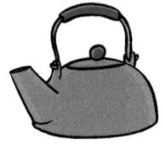

Wasserkocher

чайник

Dampfgarer

пароварка

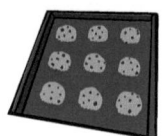

Backblech

лист

Geschirr

посуд

Becher

кухоль

Schale

чаша

Essstäbchen

палички для їжі

Suppenkelle

черпак

Pfannenwender

лопатка

Schneebesen

вінчик для збивання

Kochsieb

сито

Sieb

сито

Reibe

терка

Mörser

ступка

Grill

барбекю

Feuerstelle

багаття

Schneidebrett

дошка

Nudelholz

качалка

Korkenzieher

штопор

Dose

консерва

Dosenöffner

відкривачка

Topflappen

прихватки

Waschbecken

раковина

Bürste

щітка

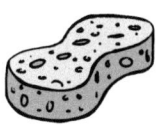

Schwamm

губка

Mixer

міксер

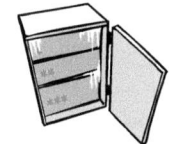

Gefriertruhe

морозильна камера

Babyflasche

дитяча пляшка

Wasserhahn

кран

Badezimmer

ванна кімната

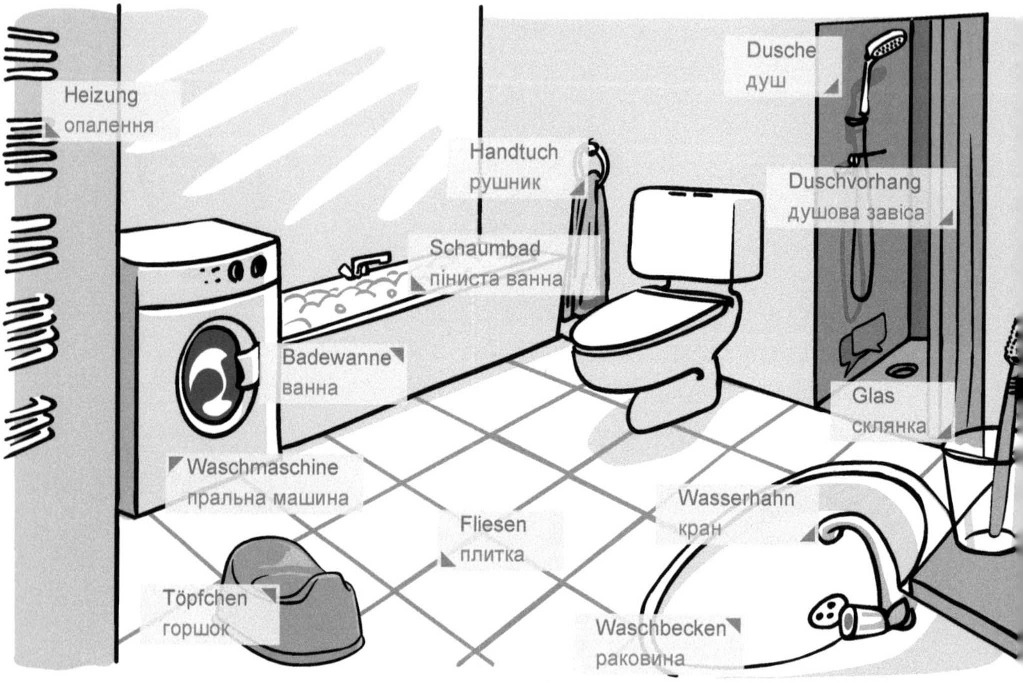

Dusche
душ
Heizung
опалення
Handtuch
рушник
Duschvorhang
душова завіса
Schaumbad
пiниста ванна
Badewanne
ванна
Glas
склянка
Waschmaschine
пральна машина
Wasserhahn
кран
Fliesen
плитка
Töpfchen
горшок
Waschbecken
раковина

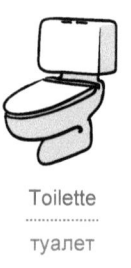

Toilette

туалет

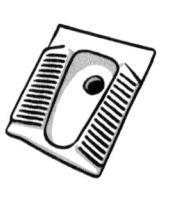

Hocktoilette

підлоговий туалет

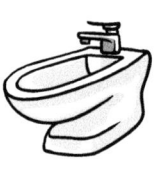

Bidet

біде

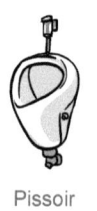

Pissoir

пісуар

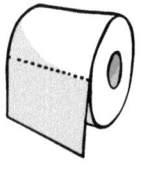

Toilettenpapier

туалетний папір

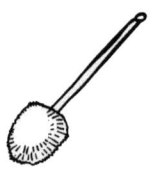

Toilettenbürste

щітка для туалету

Zahnbürste

зубна щітка

Zahnpasta

зубна паста

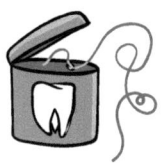

Zahnseide

нитка для чищення зубів

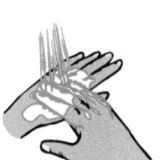

waschen

мити

Handbrause

ручний душ

Intimdusche

інтимний душ

Waschschüssel

таз

Rückenbürste

щітка для спини

Seife

мило

Duschgel

гель для душу

Shampoo

шампунь

Waschlappen

мочалка

Abfluss

водостік

Creme

крем

Deodorant

дезодорант

Spiegel

дзеркало

Kosmetikspiegel

косметичне дзеркало

Rasierer

бритва

Rasierschaum

піна для гоління

Rasierwasser

лосьйон після гоління

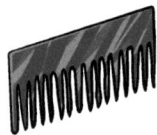

Kamm

гребінь

Bürste

щітка

Föhn

фен

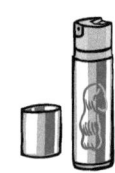

Haarspray

лак для волосся

Makeup

косметика

Lippenstift

губна помада

Nagellack

лак для нігтів

Watte

вата

Nagelschere

ножиці для нігтів

Parfum

парфум

Kulturbeutel

косметичка

Hocker

табурет

Waage

ваги

Bademantel

халат

Gummihandschuhe

гумові рукавички

Tampon

тампон

Damenbinde

гігієнічні прокладки

Chemietoilette

біотуалет

Kinderzimmer

дитяча кімната

Wecker
будильник
Kuscheltier
м'яка іграшка
Spielzeugauto
іграшковий автомобіль
Rassel
брязкальце
Puppenhaus
ляльковий будиночок
Geschenk
подарунок

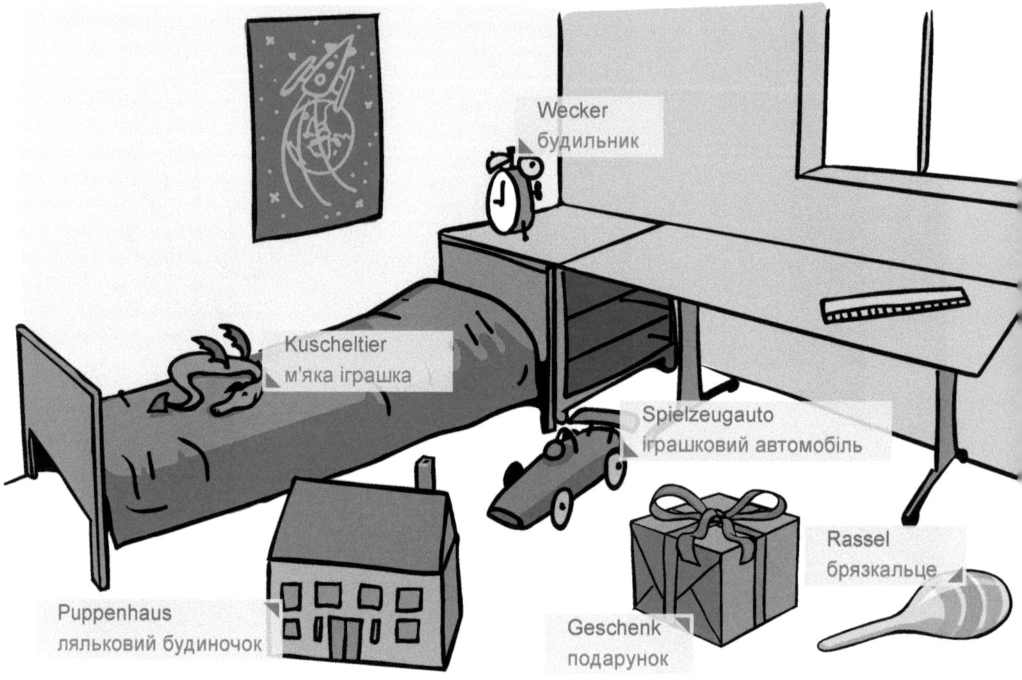

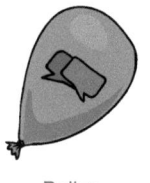

Ballon

повітряна кулька

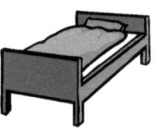

Bett

ліжко

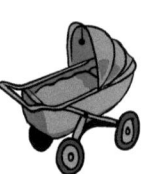

Kinderwagen

дитячий візок

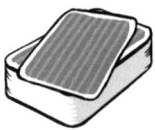

Kartenspiel

картярська гра

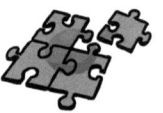

Puzzle

пазл

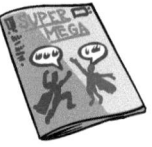

Comic

комікс

Legosteine

лего цеглинки

Bausteine

блоки

Action Figur

іграшкова фігурка

Strampelanzug

повзунки

Frisbee

фризбі

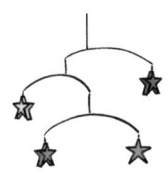

Mobile

мобіле

Brettspiel

настільна гра

Würfel

кубик

Modelleisenbahn

модель залізнична станція

Schnuller

соска

Party

вечірка

Bilderbuch

книжка з картинками

Ball

м'яч

Puppe

лялька

spielen

грати

Sandkasten

пісочниця

Schaukel

гойдалка

Spielzeug

іграшка

Spielkonsole

гральна консоль

Dreirad

триколісний велосипед

Teddy

плюшевий мішка

Kleiderschrank

шафа

Kleidung

одяг

Socken

шкарпетки

Strümpfe

панчохи

Strumpfhose

колготки

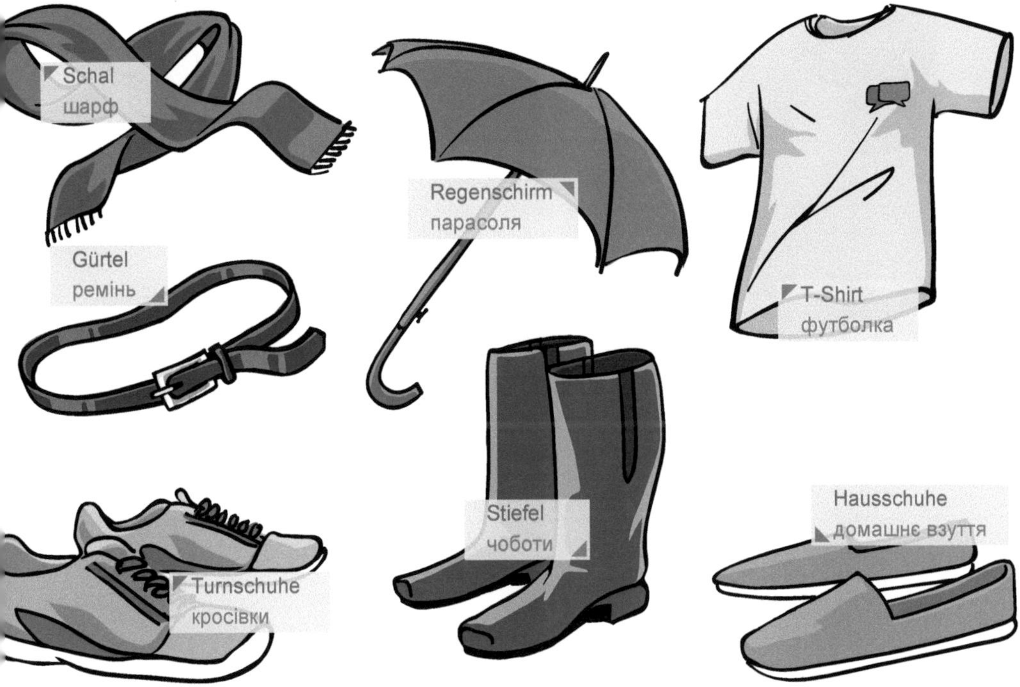

Schal
шарф

Regenschirm
парасоля

Gürtel
ремінь

T-Shirt
футболка

Turnschuhe
кросівки

Stiefel
чоботи

Hausschuhe
домашнє взуття

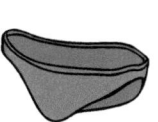

Sandalen
сандалі

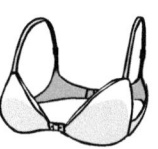

Schuhe
взуття

Gummistiefel
гумові чоботи

Unterhose
труси

Büstenhalter
бюстгальтер

Unterhemd
нижня сорочка

Body

боді

Hose

штани

Jeans

джинси

Rock

спідниця

Bluse

блузка

Hemd

сорочка

Pullover

пуловер

Kapuzenpullover

светр

Blazer

піджак

Jacke

куртка

Mantel

пальто

Regenmantel

дощовик

Kostüm

костюм

Kleid

сукня

Hochzeitskleid

весільна сукня

Anzug

костюм

Nachthemd

нічна сорочка

Schlafanzug

піжама

Sari

сарі

Kopftuch

головна хустка

Turban

чалма

Burka

бурка

Kaftan

кафтан

Abaya

абая

Badeanzug

купальник

Badehose

плавки

Kurze Hose

шорти

Trainingsanzug

тренувальний костюм

Schürze

фартух

Handschuhe

рукавички

Knopf

гудзик

Brille

окуляри

Armband

браслет

Halskette

ланцюг

Ring

кільце

Ohrring

сережка

Mütze

шапка

Kleiderbügel

плічка

Hut

капелюх

Krawatte

краватка

Reißverschluss

застібка-блискавка

Helm

шолом

Hosenträger

підтяжки

Schuluniform

шкільна форма

Uniform

уніформа

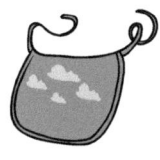

Lätzchen
нагрудник

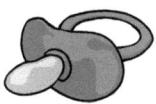

Schnuller
соска

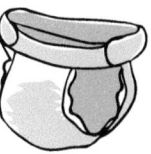

Windel
підгузок

Büro
офіс

Server
сервер
Aktenschrank
шаф для документів
Drucker
принтер
Papier
папір
Monitor
монітор
Maus
миша
Schreibtisch
письмовий стіл
Ordner
папка
Tastatur
синтезатор
Papierkorb
кошик для паперу
Computer
комп'ютер
Stuhl
стілець

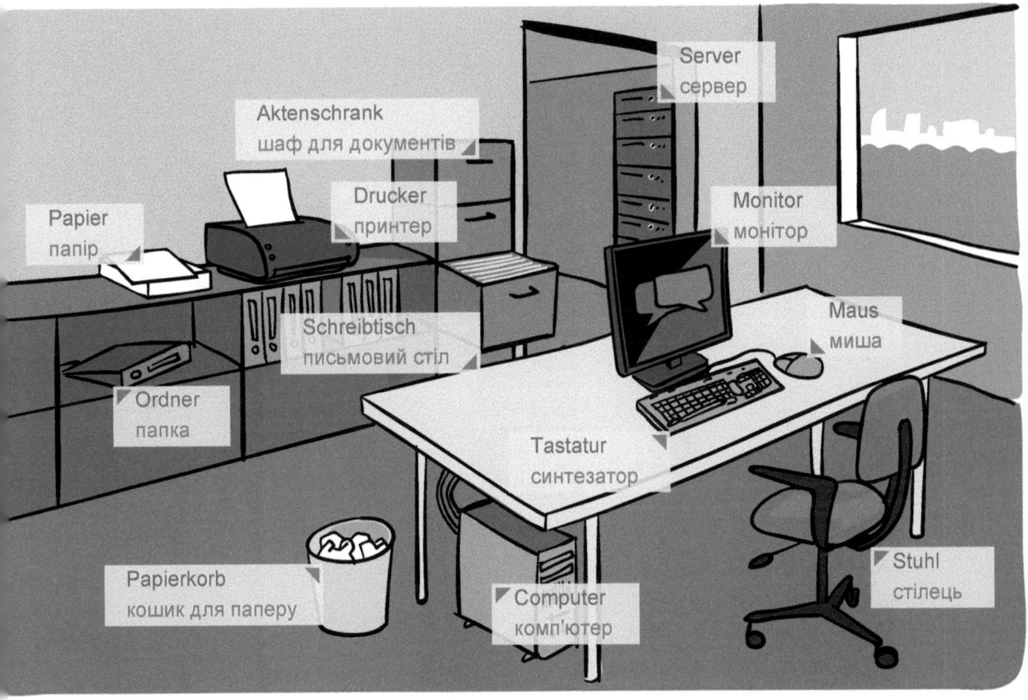

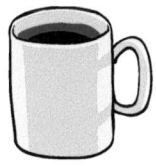

Kaffeebecher
кавовий кухоль

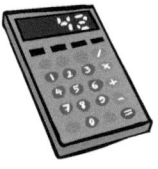

Taschenrechner
калькулятор

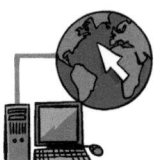

Internet
інтернет

Laptop
ноутбук

Brief
лист

Nachricht
повідомлення

Handy
мобільний телефон

Netzwerk
мережа

Kopierer
копіювальний пристрій

Software
програмне забезпечення

Telefon
телефон

Steckdose
розетка

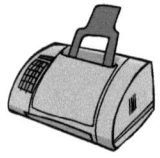

Fax
факс

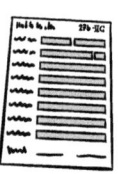

Formular
бланк

Dokument
документ

Büro - офіс

kaufen

купувати

bezahlen

платити

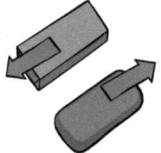

handeln

торгувати

Geld

гроші

Dollar

долар

Euro

євро

Yen

ієна

Rubel

рубль

Franken

франк

Renminbi Yuan

юанів женьміньбі

Rupie

рупія

Geldautomat

банкомат

Wechselstube

обмінний пункт

Gold

золото

Silber

срібло

Öl

нафта

Energie

енергія

Preis

ціна

Vertrag

контракт

Steuer

податок

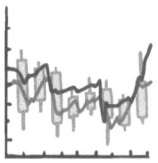

Aktie

акція

arbeiten

працювати

Angestellter

працівник

Arbeitgeber

роботодавець

Fabrik

фабрика

Geschäft

магазин

Polizist
поліцейський

Feuerwehrmann
пожежник

Koch
повар

Arzt
лікар

Pilot
пілот

Gärtner

садівник

Tischler

столяр

Näherin

швачка

Richter

суддя

Chemiker

хімік

Schauspieler

актор

Berufe - професії

Busfahrer

водій автобуса

Taxifahrer

таксист

Fischer

рибалка

Putzfrau

прибиральниця

Dachdecker

покрівельник

Kellner

офіціант

Jäger

мисливець

Maler

художник

Bäcker

пекар

Elektriker

електрик

Bauarbeiter

будівельник

Ingenieur

інженер

Schlachter

забійник

Klempner

бляхар

Postbote

листоноша

Soldat

солдат

Architekt

архітектор

Kassierer

касир

Florist

флорист

Friseur

перукар

Schaffner

кондуктор

Mechaniker

механік

Kapitän

капітан

Zahnarzt

дантист

Wissenschaftler

вчений

Rabbi

рабин

Imam

імам

Mönch

монах

Geistlicher

пастор

Werkzeuge
інструменти

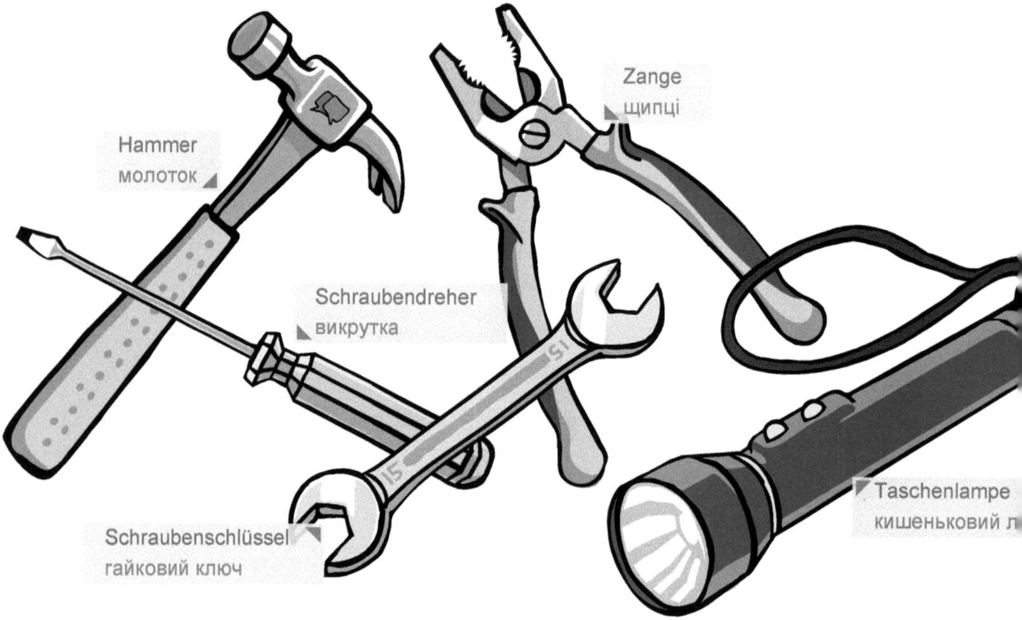

Hammer
молоток
Zange
щипці
Schraubendreher
викрутка
Schraubenschlüssel
гайковий ключ
Taschenlampe
кишеньковий л

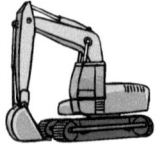

Bagger

екскаватор

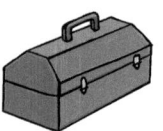

Werkzeugkasten

ящик для інструментів

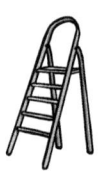

Leiter

драбина

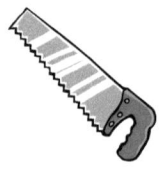

Säge

пилка

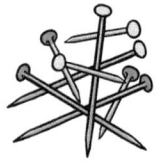

Nägel

цвяхи

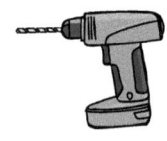

Bohrer

свердло

reparieren

ремонтувати

Schaufel

лопата

Mist!

лайно!

Kehrblech

совок

Farbtopf

відро з фарбою

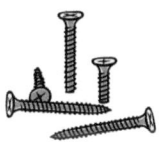

Schrauben

гвинти

Musikinstrumente
музичні інструменти

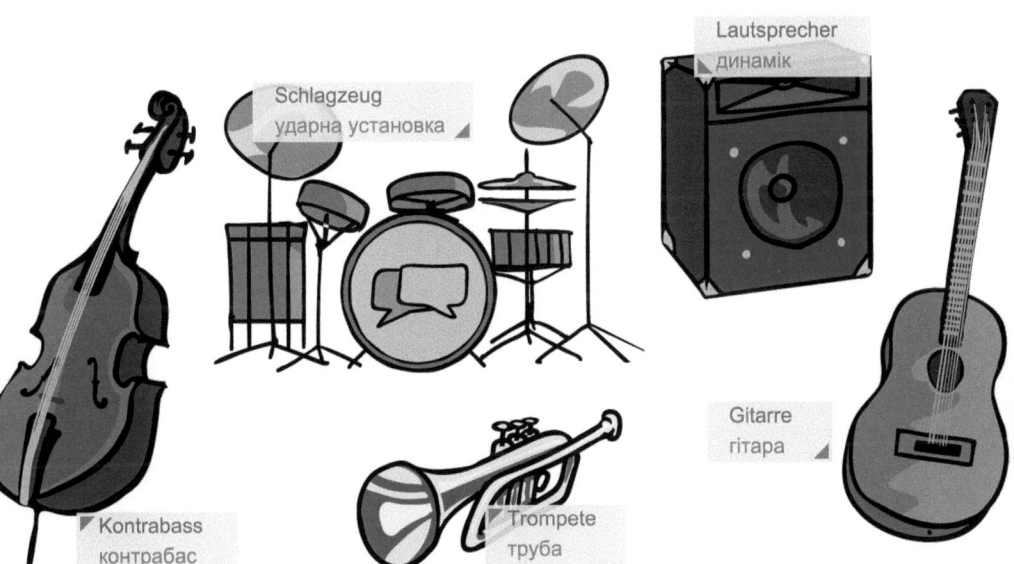

Schlagzeug
ударна установка

Lautsprecher
динамік

Gitarre
гітара

Kontrabass
контрабас

Trompete
труба

Klavier

фортепіано

Violine

скрипка

Bass

бас

Pauke

литаври

Trommeln

барабан

Keyboard

клавіатура

Saxophon

саксофон

Flöte

флейта

Mikrofon

мікрофон

Zoo

зоопарк

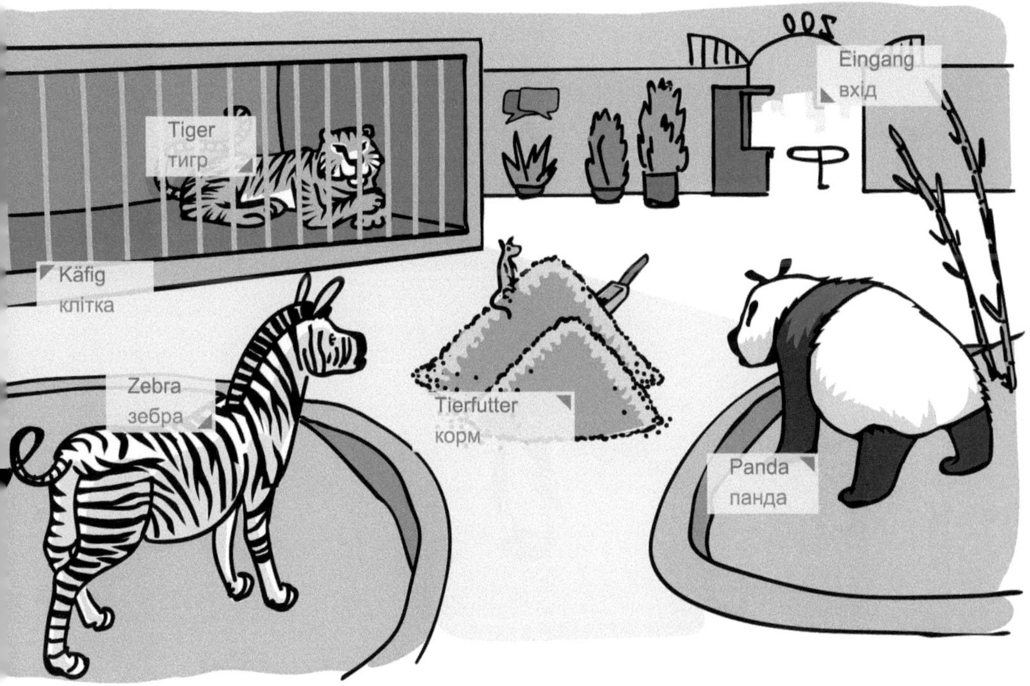
Eingang
вхід
Tiger
тигр
Käfig
клітка
Zebra
зебра
Tierfutter
корм
Panda
панда

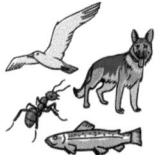

Tiere

твaрини

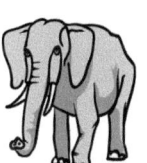

Elefant

слон

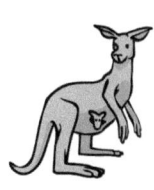

Känguru

кенгуру

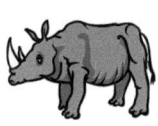

Nashorn

носоріг

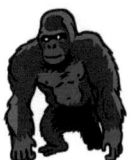

Gorilla

горила

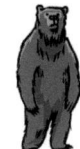

Bär

ведмідь

Kamel

верблюд

Strauß

страус

Löwe

лев

Affe

мавпа

Flamingo

фламінго

Papagei

папуга

Eisbär

білий ведмідь

Pinguin

пінгвін

Hai

акула

Pfau

павич

Schlange

змія

Krokodil

крокодил

Zoowärter

працівник зоопарку

Robbe

тюлень

Jaguar

ягуар

Pony

поні

Leopard

леопард

Nilpferd

гіпопотам

Giraffe

жираф

Adler

орел

Wildschwein

кабан

Fisch

риба

Schildkröte

черепаха

Walross

морж

Fuchs

лисиця

Gazelle

газель

American Football
американський футбол

Radfahren
їзда на велосипеді

Tennis
теніс

Basketball
баскетбол

Schwimmen
плавання

Boxen
бокс

Eishockey
хокей

Fußball
футбол

Badminton
бадмінтон

Leichtathletik
легка атлетика

Handball
гандбол

Skilaufen
лижні перегони

Polo
поло

springen
стрибати

lachen
сміятися

umarmen
обіймати

gehen
йти

singen
співати

träumen
мріяти

beten
молитися

küssen
цілувати

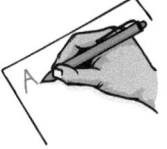

schreiben

писати

zeichnen

малювати

zeigen

показувати

drücken

тиснути

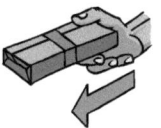

geben

давати

nehmen

брати

haben

мати

tun

робити

sein

бути

stehen

стояти

laufen

бігати

ziehen

тягнути

werfen

кидати

fallen

падати

liegen

лежати

warten

очікувати

tragen

носити

sitzen

сидіти

anziehen

одягати

schlafen

спати

aufwachen

просипатися

ansehen

дивитися

weinen

плакати

streicheln

гладити

kämmen

розчісувати

reden

розмовляти

verstehen

розуміти

fragen

питати

hören

слухати

trinken

пити

essen

їсти

aufräumen

прибирати

lieben

любити

kochen

варити

fahren

їхати

fliegen

літати

segeln

йти під вітрилом

rechnen

рахувати

lesen

читати

lernen

вчитися

arbeiten

працювати

heiraten

одружуватися

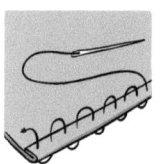

nähen

шити

Zähne putzen

чистити зуби

töten

убивати

rauchen

курити

senden

посилати

Familie
сім'я

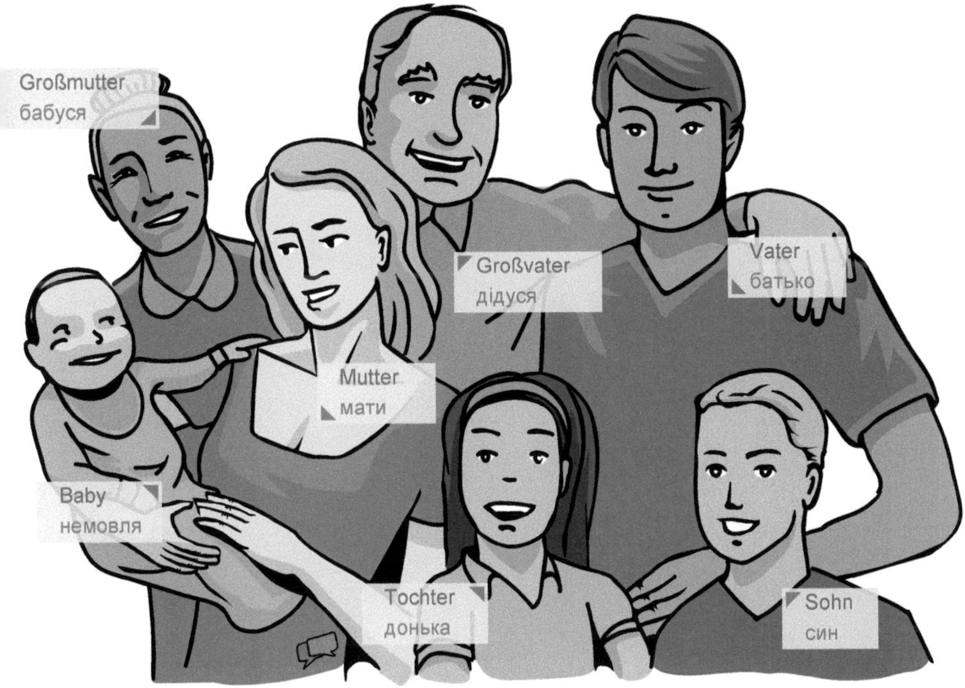

Großmutter
бабуся
Großvater
дідуся
Vater
батько
Mutter
мати
Baby
немовля
Tochter
донька
Sohn
син

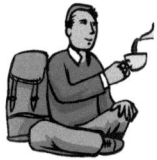

Gast
гість

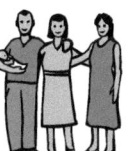

Tante
тітка

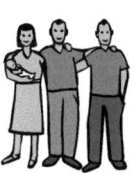

Onkel
дядько

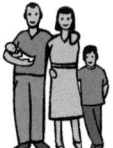

Bruder
брат

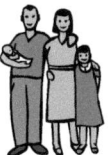

Schwester
сестра

Körper

тіло

Stirn
чоло
Auge
око
Schulter
плече
Finger
палець
Gesicht
обличчя
Kinn
підборіддя
Hand
кисть
Bein
нога
Brust
груди
Arm
рука

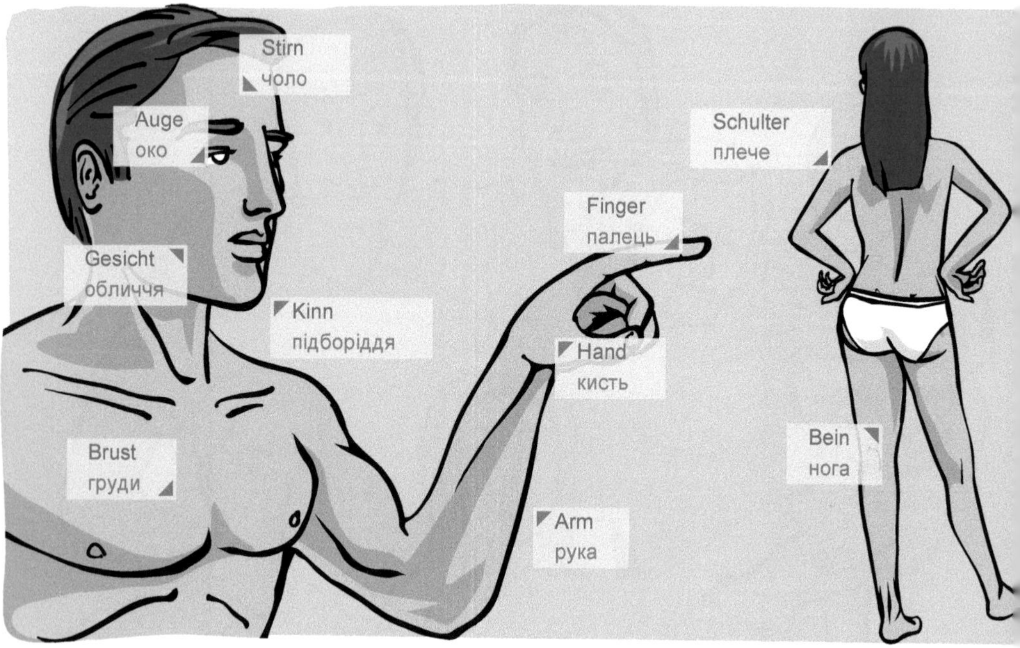

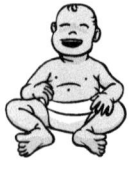

Baby

немовля

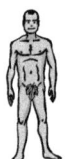

Mann

чоловік

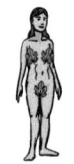

Frau

жінка

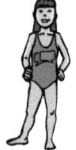

Mädchen

дівчина

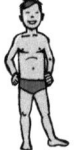

Junge

хлопчик

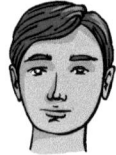

Kopf

голова

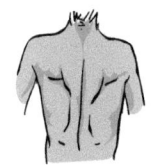

Rücken

спина

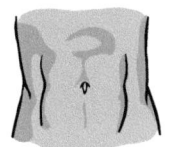

Bauch

живіт

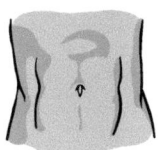

Nabel

пуп

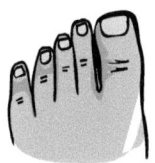

Zeh

палець ноги

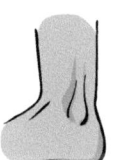

Ferse

п'ята

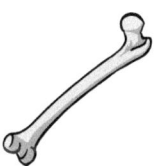

Knochen

кістка

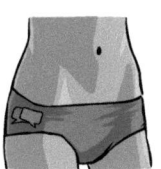

Hüfte

стегно

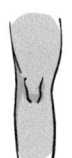

Knie

коліно

Ellenbogen

лікоть

Nase

ніс

Gesäß

сідниці

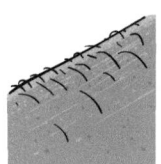

Haut

шкіра

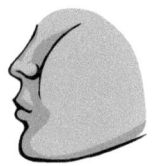

Wange

щока

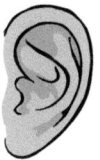

Ohr

вухо

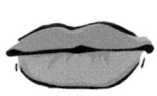

Lippe

губа

Mund

рот

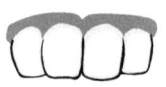

Zahn

зуб

Zunge

язик

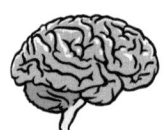

Gehirn

мозок

Herz

серце

Muskel

м'яз

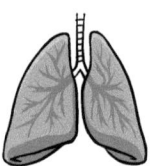

Lunge

легені

Leber

печінка

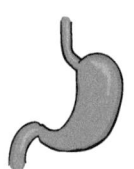

Magen

шлунок

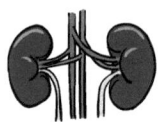

Nieren

нирки

Geschlechtsverkehr

статевий акт

Kondom

презерватив

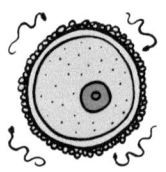

Eizelle

яйцеклітина

Sperma

сперма

Schwangerschaft

вагітність

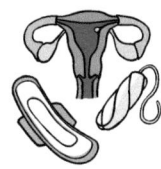

Menstruation

менструація

Vagina

вагіна

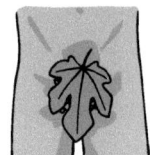

Penis

пеніс

Augenbraue

брова

Haar

волосся

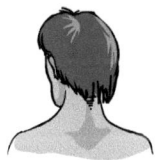

Hals

шия

Krankenhaus
лікарня

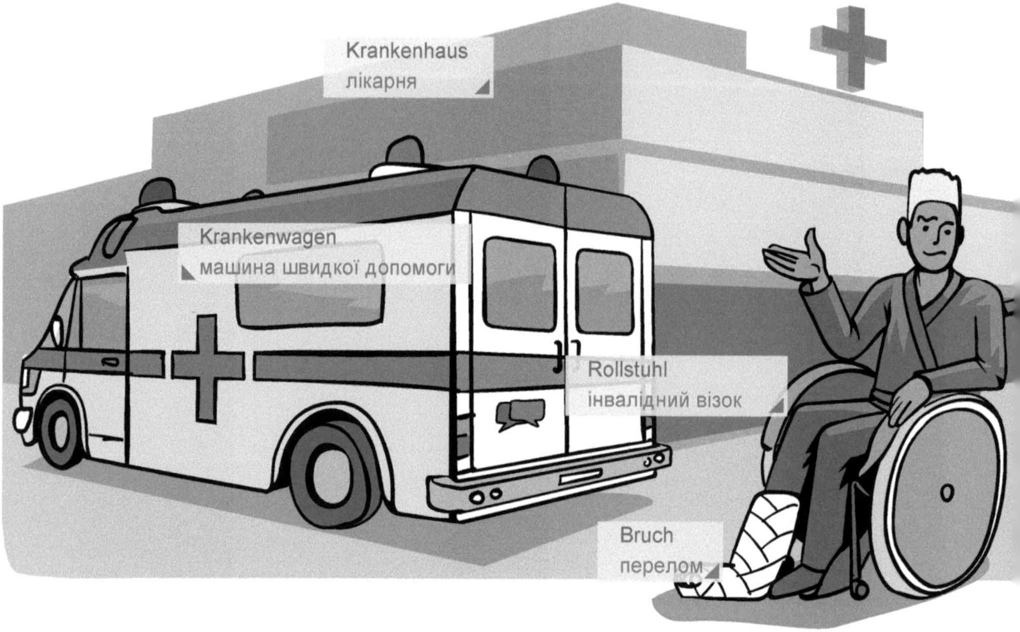

Krankenhaus
лікарня
Krankenwagen
машина швидкої допомоги
Rollstuhl
інвалідний візок
Bruch
перелом

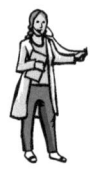

Arzt

лікар

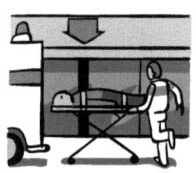

Notaufnahme

відділення швидкої медичної допомоги

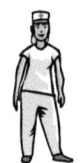

Krankenschwester

медсестра

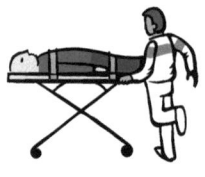

Notfall

аварійний випадок

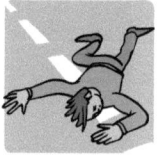

ohnmächtig

непритомний

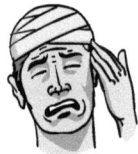

Schmerz

біль

Verletzung

травма

Blutung

кровотеча

Herzinfarkt

інфаркт

Schlaganfall

інсульт

Allergie

алергія

Husten

кашель

Fieber

лихоманка

Grippe

грип

Durchfall

пронос

Kopfschmerzen

головна біль

Krebs

рак

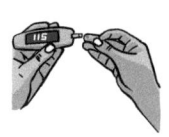

Diabetis

діабет

Chirurg

хірург

Skalpell

скальпель

Operation

операція

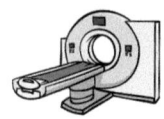

CT

КТ

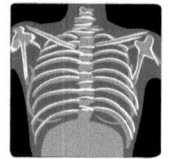

Röntgen

рентген

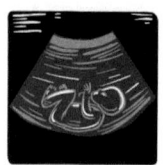

Ultraschall

ультразвук

Maske

маска

Krankheit

хвороба

Wartezimmer

зал очікування

Krücke

милиця

Pflaster

пластир

Verband

пов'язка

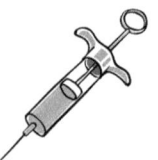

Injektion

ін'єкція

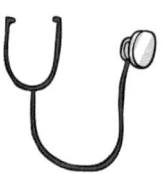

Stethoskop

стетоскоп

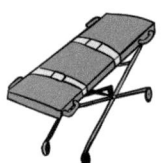

Trage

ноші

Thermometer

термометр

Geburt

народження

Übergewicht

надмірна вага

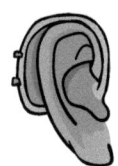

Hörgerät

слуховий апарат

Desinfektionsmittel

дезінфікуючий засіб

Infektion

інфекція

Virus

вірус

HIV / AIDS

ВІЛ / СНІД

Medizin

медицина

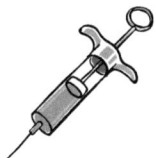

Impfung

вакцинація

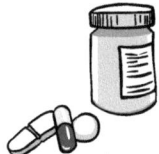

Tabletten

таблетки

Pille

протизаплідна пігулка

Notruf

екстрений виклик

Blutdruck-Messgerät

тонометр

krank / gesund

хворий / здоровий

Hilfe!

Допоможіть!

Alarm

сигнал тривоги

Überfall

напад

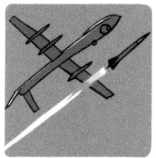

Angriff

атака

Gefahr

небезпека

Notausgang

аварійний вихід

Feuer!

Вогонь!

Feuerlöscher

вогнегасник

Unfall

аварія

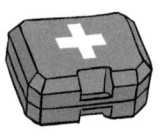

Erste-Hilfe-Koffer

аптечка

SOS

СОС

Polizei

поліція

Europa

Європа

Nordamerika

Північна Америка

Südamerika

Південна Америка

Afrika

Африка

Asien

Азія

Australien

Австралія

Atlantik

Атлантика

Pazifik

Тихий океан

Indischer Ozean

Індійський океан

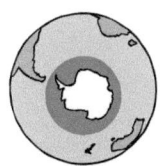

Antarktischer Ozean

Антарктичний океан

Arktischer Ozean

Північний Льодовитий
океан

Nordpol

Північний полюс

Südpol

Південний полюс

Antarktis

Антарктика

Erde

Земля

Land

суша

Meer

море

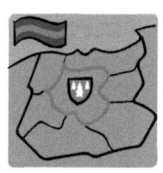

Insel

острів

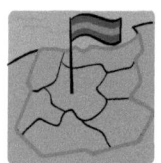

Nation

нація

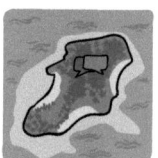

Staat

держава

Zifferblatt

циферблат

Stundenzeiger

годинникова стрілка

Minutenzeiger

хвилинна стрілка

Sekundenzeiger

секундна стрілка

Wie spät ist es?

Котра година?

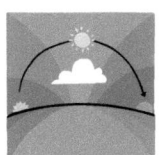

Tag

день

Zeit

час

jetzt

зараз

Digitaluhr

цифровий годинник

Minute

хвилина

Stunde

година

Woche

тиждень

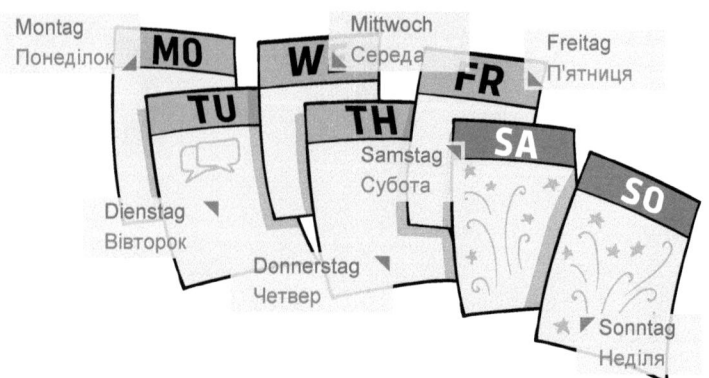

Montag
Понеділок

Mittwoch
Середа

Freitag
П'ятниця

Dienstag
Вівторок

Donnerstag
Четвер

Samstag
Субота

Sonntag
Неділя

gestern

вчора

heute

сьогодні

morgen

завтра

Morgen

ранок

Mittag

опівдні

Abend

вечір

Arbeitstage

робочі дні

Wochenende

кінець робочого тижня

Jahr
рік

Regen
дощ
Regenbogen
веселка
Schnee
сніг
Wind
вітер
Frühling
весна
Herbst
осінь
Sommer
літо
Winter
зима

4.APRIL 11°
5.APRIL 4°
6.APRIL 13°
7.APRIL 8°
8.APRIL 10°

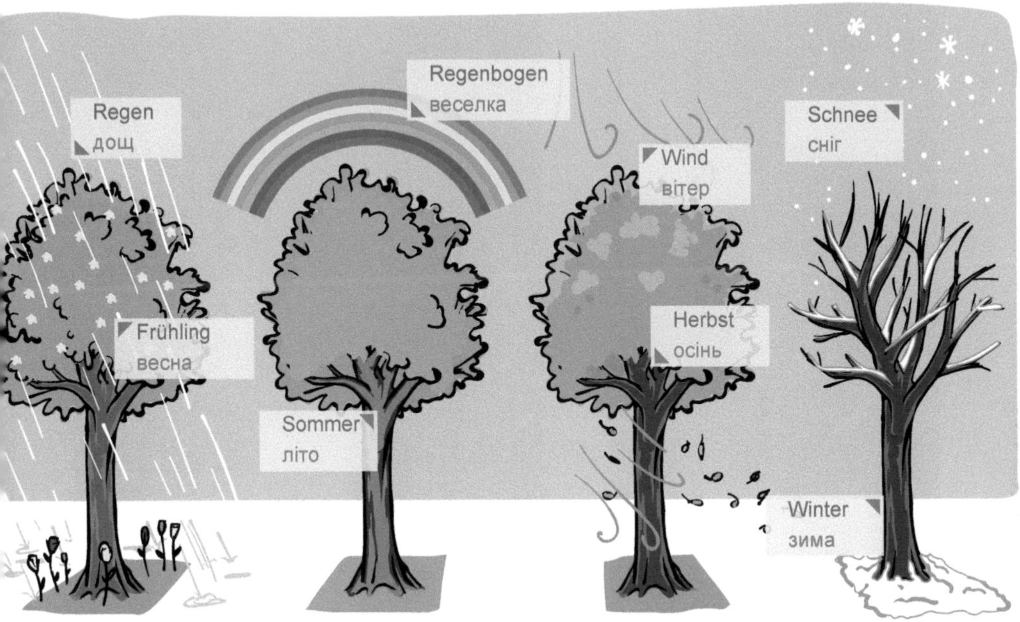

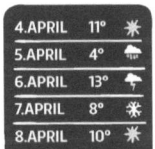

Wettervorhersage

прогноз погоди

F C
120 90 60 30 0 -30
40 30 20 10 0 -10 -20

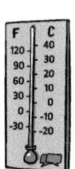

Thermometer

термометр

Sonnenschein

сонячне світло

Wolke

хмара

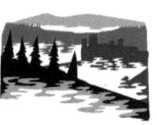

Nebel

туман

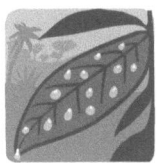

Luftfeuchtigkeit

вологість повітря

Blitz

блискавка

Donner

грім

Sturm

шторм

Hagel

град

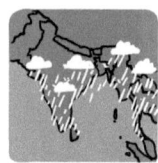

Monsun

мусон

Flut

повінь

Eis

лід

Januar

Січень

Februar

Лютий

März

Березень

April

Квітень

Mai

Травень

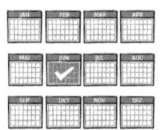

Juni

Червень

Juli

Липень

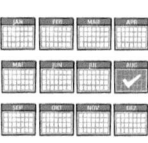

August

Серпень

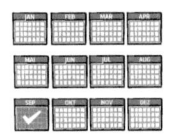

September
....
Вересень

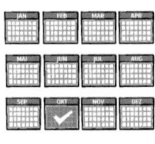

Oktober
....
Жовтень

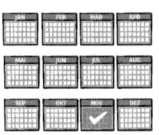

November
....
Листопад

Dezember
....
Грудень

Formen
форми

Kreis
....
круг

Quadrat
....
квадрат

Rechteck
....
прямокутник

Dreieck
....
трикутник

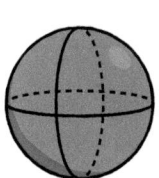

Kugel
....
куля

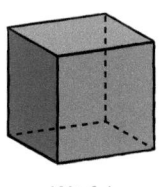

Würfel
....
куб

weiß

білий

gelb

жовтий

orange

помаранчевий

pink

рожевий

rot

червоний

lila

фіолетовий

blau

синій

grün

зелений

braun

коричневий

grau

сірий

schwarz

чорний

viel / wenig

багато / мало

wütend / friedlich

лютий / мирний

hübsch / hässlich

гарний / бридкий

Anfang / Ende

початок / кінець

groß / klein

великий / малий

hell / dunkel

світлий / темний

Bruder / Schwester

брат / сестра

sauber / schmutzig

чистий / брудний

vollständig / unvollständig

завершений /
незавершений

Tag / Nacht

день / ніч

tot / lebendig

мертвий / живий

breit / schmal

широкий / вузький

genießbar / ungenießbar

їстівний / неїстівний

böse / freundlich

злий / дружній

aufgeregt / gelangweilt

збуджений / нудьгуючий

dick / dünn

товстий / тонкий

zuerst / zuletzt

спочатку / востаннє

Freund / Feind

друг / ворог

voll / leer

повний / порожній

hart / weich

жорсткий / м'який

schwer / leicht

важкий / легкий

Hunger / Durst

голод / спрага

krank / gesund

хворий / здоровий

illegal / legal

незаконний / законний

intelligent / dumm

розумний / дурний

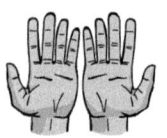

links / rechts

вліво / вправо

nah / fern

поруч / далеко

neu / gebraucht

новий / використаний

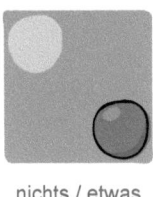

nichts / etwas

нічого / щось

alt / jung

старий / молодий

an / aus

вкл / викл

offen / geschlossen

відкрито / закрито

leise / laut

тихо / гучно

reich / arm

багатий / бідний

richtig / falsch

правильно / неправильно

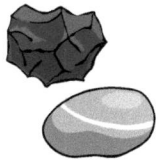

rau / glatt

шорсткий / гладкий

traurig / glücklich

сумний / щасливий

kurz / lang

короткий / довгий

langsam / schnell

повільно / швидко

nass / trocken

вологий / сухий

warm / kühl

гарячий / холодний

Krieg / Frieden

війна / мир

0

null

нуль

1

eins

один

2

zwei

два

3

drei

три

4

vier

чотири

5

fünf

п'ять

6

sechs

шість

7

sieben

сім

8

acht

вісім

9

neun

дев'ять

10

zehn

десять

11

elf

одинадцять

12

zwölf

дванадцять

13

dreizehn

тринадцять

14

vierzehn

чотирнадцять

15

fünfzehn

п'ятнадцять

16

sechzehn

шістнадцять

17

siebzehn

сімнадцять

18

achtzehn

вісімнадцять

19

neunzehn

дев'ятнадцять

20

zwanzig

двадцять

100

hundert

сто

1.000

tausend

тисяча

1.000.000

million

мільйон

Englisch

англійська

Amerikanisches Englisch

американська англійська

Chinesisch Mandarin

китайська
високочиновницька

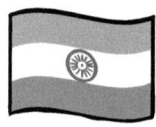

Hindi

хінді

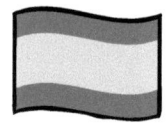

Spanisch

іспанська

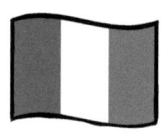

Französisch

французька

Arabisch

арабська

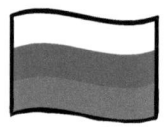

Russisch

російська

Portugiesisch

португальська

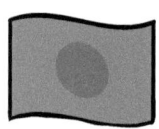

Bengalisch

бенгальська

Deutsch

німецька

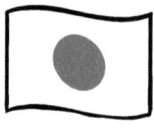

Japanisch

японська

ich

я

du

ти

er / sie / es

він / вона / воно

wir

ми

ihr

ви

sie

вони

wer?

хто?

was?

що?

wie?

як?

wo?

де?

wann?

коли?

Name

ім'я

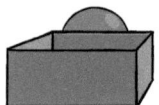

hinter

ззаду

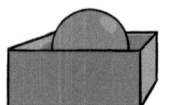

in

в

vor

перед

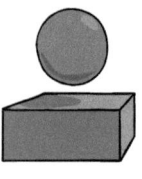

über

над

auf

на

unter

під

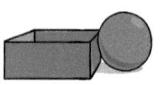

neben

біля

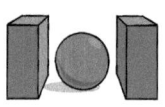

zwischen

між

Ort

місце